Kurvendiskussion in MATLAB

Kai Stüber

Bibliografische Information der Deutschen Nationalbibliothek:

Die Deutsche Nationalbibliothek verzeichnet diese Publikation in der Deutschen Nationalbibliografie; detaillierte bibliografische Daten sind im Internet über http://dnb.d-nb.de abrufbar.

ISBN: 9783346961952
Dieses Buch ist auch als E-Book erhältlich.

Druck und Bindung: Books on Demand GmbH, Norderstedt Germany
Gedruckt auf säurefreiem Papier aus verantwortungsvollen Quellen

Das vorliegende Werk wurde sorgfältig erarbeitet. Dennoch übernehmen Autoren und Verlag für die Richtigkeit von Angaben, Hinweisen, Links und Ratschlägen sowie eventuelle Druckfehler keine Haftung.

Das Buch bei GRIN: https://www.grin.com/document/1413767

AKAD University

Elektro- und Informationstechnik (B. Eng.)

Assignment

Kurvendiskussion

in MATLAB

zum

Modul MAT33

von

Kai Stüber

Inhaltsverzeichnis

1. Einleitung

1.1. Hintergrund

Oftmals kommt es vor, dass verschiedenste Zusammenhänge in der Technik durch mathematische Funktionen genauer untersucht werden müssen. Mit Hilfe unterschiedlicher Verfahren ist es möglich diese Funktionen anhand einzelner Messwerte näherungsweise, bzw. exakt zu erzeugen. Auf diese Näherungsverfahren soll aber in dieser Arbeit nicht weiter eingegangen werden, da dies über den Rahmen hinausgehen würde.

1.2. Problemstellung

Es gıbt mehrere Formen mathematischer Funktionen. Für den Zweck dieser Arbeit soll lediglich eine Polynomfunktion 3. Grades behandelt werden. Nun gibt es mehrere Möglichkeiten solch eine Funktion zu analysieren, um Vorhersagen über ihren Verlauf treffen zu können. Durch Einsetzen von beliebig vielen Werten kann der Funktionsgraph, also der Funktionsverlauf grafisch veranschaulicht werden und interessante Stellen sind leichter erkennbar. Der Nachteil dieser Methode ist der enorme Aufwand, um alle Funktionswerte für die bestimmten Eingabewerte auszurechnen.

1.3. Zielsetzung

Anhand einer Kurvendiskussion ist es möglich mit relativ wenig Arbeitsaufwand die interessanten Stellen einer Funktion zu analysieren. In dieser Arbeit soll mithilfe eines mathematischen Computerprogramms namens MATLAB eine Kurvendiskussion an einer Polynomfunktion 3. Grades programmiert, durchgeführt und anschließend auch analysiert werden.

1.4. Vorgehensweise

Zu Beginn werden die Grundbegriffe wie Funktionen, Definitionsbereich, Nullstellen, Differentialrechnung, Wende- und Extrempunkte, sowie die Punktsteigungsform der Geradengleichung und zu guter Letzt das Computerprogramm MATLAB erklärt. Um das Ziel zu erreichen, setzt sich die Arbeit mit den auftretenden Herausforderungen im Zuge der Kurvendiskussion an der gewählten Polynomfunktion 3. Grades auseinander. Schlussendlich wird eine Möglichkeit herausgearbeitet, um ein Programm in MATLAB für die Kurvendiskussion zu erstellen.

2. Theoretische Grundlagen

2.1. Mathematische Funktionen und deren Graph

Grundsätzlich lässt dich der Begriff „Funktion" auch sehr gut auf unseren Alltag übertragen. Beispielsweise nimmt der Luftdruck ab, je weiter man in den Bergen nach oben geht. Es handelt sich somit um eine Abhängigkeit von Luftdruck und Höhe, was man auch als „Funktion für den Luftdruck in Abhängigkeit von der Höhe" bezeichnen kann. Für jeden beliebigen Höhenwert, ist somit ein definierter Druckwert festgelegt. Ein Eingangswert führt somit zu einem Ausgangswert. Laut Definition sind zwei nicht leere Mengen gegeben, die erste Menge ist die Definitionsmenge und die zweite die Zielmenge.

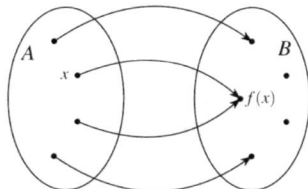

Abbildung 1: Definitions- und Zielmenge (Dürrschnabel, 2020)

So lässt sich wie in Abb. 1 jedem Element **x** in der Menge A ein Element **f** der Menge B zuordnen. Der eigentliche Weg dorthin ist die Funktion selbst.[1] Der Graph einer Funktion ist ihr Verlauf, wenn man alle f-Werte für beliebig viele x-Werte berechnet und z.B. die x-Werte auf der horizontalen und die y-Werte auf der vertikalen Achse aufträgt und alle Punkte verbindet.[2]

2.2. Definitionsbereich und Nullstellen

Die Definitionsmenge wird auch Definitionsbereich genannt und beinhaltet all die Elemente, welche eindeutig auf ein Element der Menge B zugeordnet werden können. Auf eine Funktion bezogen sind das alle Zahlen, welche zu einem Ergebnis führen. Alle übrigen Zahlen führen zu keinem eindeutigen Ergebnis. Die Stellen, welche daraus resultieren, können unterschiedliche Formen annehmen, dies wollen wir jedoch im Rahmen dieser Arbeit nicht weiterverfolgen. Interessante Stellen sind vor allem die Nullstellen, also die Zahlen der Definitionsmenge, welche zu einer Null in der Zielmenge führen.[3]

---

[1] Vgl. Dürrschnabel, 2020, S. 31
[2] Vgl. Bättig, 2020, S. 121-125
[3] Vgl. Dürrschnabel, 2020, S. 34

2.3. Punktsteigungsform der Geradengleichung

Nehmen wir an, dass wir eine Funktion in Form einer Gerade vorliegen haben, was bedeutet, dass die Funktion an jeder Stelle dieselbe Steigung besitzt, unabhängig von ihrer Lage. Die grundlegende Form der Geradengleichung lautet: $y = a_1 * x + a_0$

Um nun die Steigung berechnen zu können benötigen wir lediglich zwei Punkte, welche sich auf der Geraden befinden. Die gesuchte Steigung ist nichts anderes als das Verhältnis der Differenzen der y- und x-Werte der zwei Punkte. Mathematisch bedeutet dies[4]: $a_1 = \frac{\Delta y}{\Delta x}$

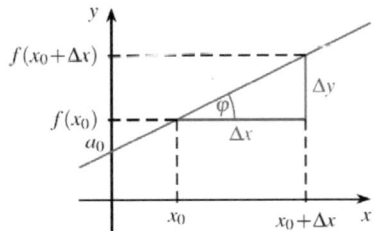

Abbildung 2: Steigung einer Geraden (Dürrschnabel, 2020)

2.4. Differentialrechnung

Um nun die Steigung von weiteren Funktionen, welche keine Gerade sind, an einem bestimmten Ort berechnen zu können, bedarf es eines Werkzeuges, das sich die „Ableitung" nennt. Diese ist nichts anderes als ein Grenzwert, welcher sich aus der soeben angesprochenen Punktsteigungsform ergibt. Mathematisch wird der Grenzwert auch als „lim" bezeichnet. Somit lässt sich folgender Zusammenhang aufstellen: $a_1 = \lim_{x \to \infty} \frac{\Delta y}{\Delta x} = \frac{dy}{dx}$

Diese Schreibweise wird auch „Differentialquotient" oder „Ableitung einer Funktion" genannt, wobei die kleinen d's für unendlich kleine Differenzen stehen. Oftmals wird die Ableitung auch mit $f'(x)$ gekennzeichnet, also einem ['].

Mit diesem Verfahren können relevante Informationen über eine beliebige Funktion erlangt werden, wie z.B. das Krümmungsverhalten, also ob die Kurve von ihrem Verlauf aus nach links oder rechts abweicht, und andere interessante Stellen wie Extrempunkte und Wendepunkte.[5]

---

[4] Vgl. Dürrschnabel, 2020, S.350
[5] Vgl. Bättig, 2020, S.199-202

2.5. Extrempunkte

Neben den Nullstellen gibt es noch weitere interessante Stellen einer Funktion. Gerade bei Funktionen höheren Grades treten Extrempunkte auf. Der Wert des Grades einer Funktion ist der Wert des höchsten Exponenten von x. So ist beispielsweise der Grad der Funktion $f(x) = x^2$ gleich zwei. Nun können wir deren Extrempunkte berechnen, indem die erste Ableitung gleich Null gesetzt wird, weil die erste Ableitung einer Funktion gleich deren Steigung ist, welche bei Hoch- und Tiefpunkten Null beträgt. Somit gilt bei einem Extrempunkt[6]: $f'(x) = 0$

2.6. Wendepunkte

Wie gerade beschrieben lässt sich durch die Differentialrechnung viel über den Funktionsverlauf aussagen. Ebenso können Wendepunkte gefunden werden. Ein Wendepunkt ist eine Stelle, in der eine Linkskurve in eine Rechtskurve übergeht oder andersrum. Dafür bedarf es der zweiten Ableitung, welche etwas über die Krümmung der Funktion aussagt. Einfach gesagt liegt an dem Punkt, an dem die Steigung der Ableitungsfunktion, also die Krümmung gleich Null ist, ein Wendepunkt vor. Folglich gilt für einen Wendepunkt[7]: $f''(x) = 0$

2.7. MATLAB

MATLAB ist ein Computerprogramm und wird weltweit eingesetzt um verschiedenste Prozesse mathematisch berechnen und auch simulieren zu können. Es gibt zwei grundlegende Möglichkeiten mit dem Programm zu interagieren. Die Bedienoberfläche beinhaltet unter anderem auch eine Menge an Hilfsmitteln zur Erstellung von einem ausführbaren MATLAB-Programm (Skript), oder auch zur Anwendung von unterschiedlichen Befehlen in der Kommandozeile. Grundsätzlich ist zu sagen, dass MATLAB einfach zu bedienen ist und Änderungen schnell und unkompliziert durchgeführt werden können.[8]

3. Erstellen des MATLAB-Skriptes

Beim Start von MATLAB erscheint eine grafische Benutzeroberfläche, in welcher das Ordnerverzeichnis (Current Folder), die Kommandozeile (Command Window) und ein Arbeitsbereich (Workspace) angezeigt werden.

---

[6] Vgl. Dürrschnabel, 2020, S.664
[7] Vgl. Dürrschnabel, 2020, S.415-416
[8] Vgl. Bättig, 2020, S.VIII-IX

Mit Hilfe des Eingabefensters kann direkt mit MATLAB kommuniziert werden. Dort können Werte gesetzt und verändert, Funktionen erstellt und ausgeführt sowie andere Operationen durchgeführt werden.

Abbildung 3: MATLAB Benutzeroberfläche (Inc., T. M., 2022)

Um nun ein neues Skript zu erstellen, muss oben links das Feld „New Script" betätigt werden. Es öffnet sich eine leere Seite im Editor, in der mit dem Programmieren begonnen werden kann. Mit dem „Save"-Feld oben links kann das Skript gespeichert werden, welches als Endung [**.m**] hat.

3.1. Wahl der Funktion 3. Grades

Laut Aufgabenstellung soll eine Polynomfunktion 3. Grades herangezogen werden, an der eine Kurvendiskussion durchgeführt werden soll. Hierbei lohnt es sich eine anschauliche Funktion zu wählen. Deshalb entscheiden wir uns für:

$$f(x) = 2 * x^3 + 4, 5 * x^2 + x - 1$$

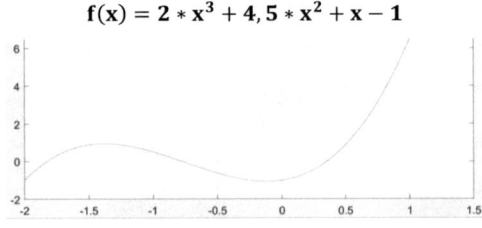

Abbildung 4: Gewählte Funktion in MATLAB

Der Vorteil an genau dieser Funktion ist, dass sie drei Nullstellen besitzt und anschaulich in ein normales Koordinatensystem passt. Außerdem sind die lokalen Extrempunkte auch sehr gut erkennbar.

3.2. Initialisierung bzw. Übergabe des Polynoms in das MATLAB-Skript

Nun muss das gewählte Polynom dritten Grades in das MATLAB-Skript eingebracht werden.
Dies gelingt durch das Erstellen eines Feldes, was auch Array genannt wird, mit den
Koeffizienten, also den Vorfaktoren des gewählten Polynoms aus Abbildung 4.

In dem Fall wären dies 2, 4.5, 1 und -1.

In MATLAB wird dies folgendermaßen umgesetzt: $\textbf{polynom} = [\textbf{2}, \textbf{4}.\textbf{5}, \textbf{1}, -\textbf{1}]$;

(„polynom" ist in diesem Fall ein beliebig gewählter Variablenname).[9]

Wichtig zu beachten ist hierbei, dass in MATLAB ein Komma als Punkt geschrieben wird.
Außerdem wird bei allen folgenden Befehlen dieser Arbeit im Skript ein „ ; "-Zeichen
(Semikolon) ans Zeilenende gesetzt. Zusätzlich muss noch ein Bereich der x-Achse gewählt
werden, in welchem die Funktion analysiert, bzw. die Kurvendiskussion durchgeführt werden
soll. Diesen Bereich legt man folgenderweise fest: $\textbf{x} = -\textbf{2}:\textbf{0}.\textbf{01}:\textbf{1}.\textbf{5}$

Hierbei steht -2 für die untere und 1.5 für die obere Grenze. Die mittlere Zahl 0.01 steht für die
Schrittweite, also wie klein die Differenz zwischen den einzelnen Zahlen sein soll. Es wird also
ein Feld, bzw. ein Array namens x generiert, mit $\frac{1,5 + |-2|}{0.01} = \textbf{350}$ einzelnen Werten, welche alle
denselben Abstand zueinander besitzen.

3.3. Funktionswerte des Polynoms

Um anschließend die Funktionswerte berechnen zu können, bedarf es einem bereits in MATLAB
beinhalteten Befehl namens *polyval*. Dieser Befehl berechnet die Funktionswerte, bzw. y-Werte
nur anhand der Koeffizienten und beliebiger x-Werte.[10] Da wir wieder die Ergebnisse in einer
Variable speichern möchten, folgt daraus: $\textbf{polynom\_y} = \textbf{polyval}(\textbf{polynom}, \textbf{x})$

Folglich wird ein Array namens „polynom_y" generiert, in dem nun jeder der berechneten y-
Wert für die 350 x-Werte beinhaltet ist. Diese werden später noch benötigt.

3.4. Nullstellen

Für die Berechnung von Nullstellen gibt es bereits auch einen Befehl namens *roots*. Mithilfe
dieses Befehls lassen sich ganz einfach die Nullstellen eines Polynoms berechnen. Dafür werden
wieder lediglich die Koeffizienten benötigt.[11] Daraus folgt: $\textbf{nullstellen} = \textbf{roots}(\textbf{polynom})$

---

[9] Vgl. TheMathWorks, Matrizen und Arrays, 2022
[10] Vgl. Bättig, 2020, S.150
[11] Vgl. TheMathWorks, Polynomial roots, 2022

Da dieser Befehl auch komplexe Nullstellen berechnet, welche hier jedoch nicht benötigt werden, müssen diese ausgeschlossen werden. Mithilfe des Befehls *imag* ist dies problemlos möglich.[12] Durch folgenden Befehl wird bewirkt, dass die Variable namens „nullstellen" mit sich selbst, jedoch komplett ohne komplexe Anteile überschrieben wird:

nullstellen = nullstellen(imag(nullstellen) == 0)

Die am weitesten rechts liegende Nullstelle kann folgendermaßen berechnet werden:

nullstelle_ganz_rechts = max(nullstellen). Mithilfe des Befehls *max* wird der höchste Wert aus dem Array gesucht, welcher sich hier folglich am weitesten rechts befindet.[13]

3.5. Erste und zweite Ableitung

Mithilfe des Befehls *polyder* kann ein Polynom abgeleitet werden.[14] Der folgende Befehl leitet das Polynom ab und speichert die Koeffizienten: **ableitung1 = polyder(polynom)**

Da die zweite Ableitung ebenso benötigt wird, bedarf es folgender Zeile, welche die gerade berechnete Ableitung erneut ableitet: **ableitung2 = polyder(ableitung1)**

3.6. Extrempunkte

Zur Berechnung von Extrempunkten behilft man sich der soeben berechneten ersten Ableitung. Dort wo die Steigung der Hauptfunktion gleich Null ist, liegen in unserem Fall Extrempunkte vor. Vorsicht ist geboten, wenn ein sogenannter Sattelpunkt vorliegt. Dies ist der Fall, wenn der Wendepunkt mit den Extrempunkten „zusammenfällt", was bei der Funktion x^3 der Fall wäre.[15]

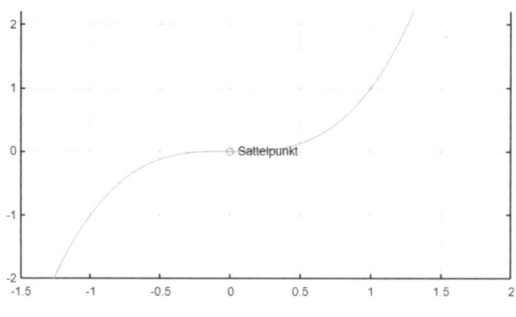

Abbildung 5: Sattelpunkt

---

[12] Vgl. TheMathWorks, Imaginary part of complex number, 2022
[13] Vgl. TheMathWorks, Maximum elements of an array, 2022
[14] Vgl. TheMathWorks, Polynomial differentation, 2022
[15] Vgl. Dürrschnabel, 2020, S.399-400

Darauf soll in dieser Arbeit jedoch nicht weiter eingegangen werden, da das gewählte Polynom keinen Sattelpunkt besitzt. Die lokalen Extrempunkte lassen sich wie folgt berechnen. Zuerst die Nullstellen der ersten Ableitung suchen: **extrempunkte_x = roots(ableitung1)** Anschließend wie bereits bekannt, die imaginären Anteile mit folgendem Befehl entfernen: **extrempunkte_x = extrempunkte_x(imag(extrempunkte_x) == 0)** Y-Werte hierzu: **extrempunkte_y = polyval(polynom, extrempunkte_x)** Schlussendlich werden die soeben berechneten x- und y-Werte wieder in einem Array bzw. Feld gespeichert: **extrempunkte = [extrempunkte_x extrempunkte_y]**

3.7. Wendepunkt

Um den Wendepunkt der Funktion herauszufinden, bedarf es der zweiten Ableitung. Wie bereits angesprochen verzichten wir auf die dritte Ableitung, da hinreichend sichergestellt werden kann, dass es sich nicht um einen Sattelpunkt handelt. Folglich wird nach bekanntem Verfahren die Nullstelle der 2. Ableitung berechnet: **wendepunkt_x = roots(ableitung2)** anschließend auch der y-Wert: **wendepunkt_y = polyval(polynom, wendepunkt_x)** und in einem Array zusammengefasst: **wendepunkt = [wendepunkt_x, wendepunkt_y]**

3.8. Tangenten

Eine Tangente stellt eine Gerade dar, welche einen bestimmten Punkt einer Kurve berührt.[16] Grundsätzlich wird für eine Geradenfunktion die Steigung und der y-Achsenabschnitt benötigt. Für diese Arbeit wird eine Tangente am Wendepunkt, sowie eine Tangente an der rechtesten Nullstelle gefordert. Zuerst werden die Steigungen berechnet und gespeichert.
Vom Wendepunkt: **steigung_wp = polyval(ableitung1, wendepunkt_x)** und der Nullstelle: **steigung_nst = polyval(ableitung1, nullstelle_ganz_rechts)**

3.9. Ausgabe der Berechnungen und Plotten der Funktion

Zunächst sollen im Command Window die relevanten Punkte ausgegeben werden. Mithilfe des Befehls *disp* kann dies wie folgt realisiert werden.[17] Zuerst der Text: **disp("Nullstellen: ")** und anschließend die Werte der einzelnen Nullstellen: **disp(nullstellen)** Diese Prozedur wird ebenfalls für die Extrempunkte und Wendepunkte wiederholt.

---

[16] Vgl. Dürrschnabel, 2020, S.723-726
[17] Vgl. The MathWorks, Display value of variable, 2022

Um die Funktion, sowie die Punkte und Tangenten grafisch zu veranschaulichen, bedarf es weiterer Befehle. Um bei allen weiteren Aktionen ein Gitter im Koordinatensystem zu haben, wird hierfür der Befehl *grid* verwendet. Genauer gesagt: **grid on** für die Aktivierung. Durch den Befehl *hold* wird mittels **hold on** dafür gesorgt, dass weitere Graphen in das Koordinatensystem gezeichnet werden können, ohne dass der vorherige gelöscht wird.[18]

Nun soll das Ausgangspolynom gezeichnet werden. Für das Zeichnen von Funktionen in MATLAB ist generell der Befehl *plot* sehr hilfreich. Über ihn können Funktionen mit unterschiedlichsten Parametern gezeichnet werden. Das Ausgangspolynom soll in der Farbe Blau gezeichnet werden: **plot(x, polynom_y, "Color", [0 0 1])**
Der Zusatz „Color" steht in diesem Fall dafür, dass mit dem nachfolgenden Parameter die Farbwerte übergeben werden. Das Array besteht aus drei Ziffern. Die erste steht für den Anteil der Farbe Rot, die zweite für Grün und die dritte für Blau. Durch eine beliebige Wahl der Ziffern, jeweils zwischen 0 und 1, können verschiedene Farben „gemischt" werden.

Die Nullstellen sollen als „+"-Zeichen markiert werden. Dies wird folgendermaßen realisiert: **plot(nullstellen, 0, " + ", "Color", [1 0 0])**
Der einzige Unterschied zum vorherigen Befehl ist, dass die Art der Markierung durch den dritten Parameter festgelegt wurde. Die Extrempunkte sollen ebenfalls ausgegeben werden: **plot(extrempunkte_x, extrempunkte_y, "o", "Color", [0 0 1])**
Hierbei wird lediglich die Art der Markierung auf ein „ o "-Zeichen geändert.[19]

Genauso wird der Wendepunkt ausgegeben, mit dem Zeichen „ * ": **plot(wendepunkt_x, wendepunkt_y, " * ", "Color", [0 1 0])**
Zusätzlich soll noch eine Beschriftung an diesem Punkt angebracht werden, was mit dem Befehl namens *text* realisiert wird. Dieser Befehl schreibt einen Text an eine beliebige Stelle, in diesem Fall den Wendepunkt: **text(wendepunkt_x, wendepunkt_y, "Wendepunkt")**

Für die rechteste Nullstelle wird derselbe Vorgang wiederholt, einzig und allein mit anderen Koordinaten: **plot(nullstelle_ganz_rechts , 0, " * ", "Color", [0 1 0])**
und Beschriftung: **text(nullstelle_ganz_rechts , 0, "max. Nullstelle")**[20]

---

[18] Vgl. Bättig, 2020, S.127-128
[19] Vgl. TheMathWorks, 2D-line plot - MATLAB plot, 2022
[20] Vgl. TheMathWorks, Add text descriptions to data points, 2022

Für die Darstellung der Tangenten soll eine Funktion innerhalb des MATLAB-Skripts erstellt werden. Mit dem Befehl *function* können beliebige Funktionen erstellt werden. Vorerst wird der „Kopf" der Funktion definiert. [21] In diesem Fall besteht dieser aus einem Array namens „tangente_y", welches die zu y-Werte der jeweils gesuchten Tangentenfunktion speichern soll:

function tangente_y = tangente(bereich, kontaktpunkt, steigung, bezeichnung)

Der Funktion werden hiermit jeweils der Bereich der x-Achse, der Kontaktpunkt, die Steigung und Bezeichnung übergeben. Anschließend soll der y-Achsenabschnitt für die Funktion der Tangente berechnet werden. Stellt man $y = m * x + b$ nach **b** um, so folgt daraus:

achsenabschnitt = kontaktpunkt(2) − (steigung ∗ kontaktpunkt(1))

Der Begriff **kontaktpunkt(1)** stellt hierbei die x-Koordinate und **kontaktpunkt(2)** die y-Koordinate des jeweiligen übergebenen Punktes dar.[22]

Schlussendlich soll die Tangente noch dargestellt werden. Dies wird über den bereits bekannten Befehl *plot* erreicht: **plot(bereich, tangente_y, bezeichnung)**

Nun soll am Wendepunkt und der rechtesten Nullstelle jeweils eine Tangente angelegt werden: **bezeichnung_wp = " − −"** legt fest, dass die Tangente am Wendepunkt gestrichelt sein soll. Anschließend werden alle Werte an die Funktion übergeben und die Tangente gezeichnet: **tangente(x, wendepunkt, steigung_wp, bezeichnung_wp)**

Dies wird für die Tangente der rechtesten Nullstelle wiederholt: **bezeichnung_nst = " − −"** und: **tangente(x, [nullstelle_ganz_rechts , 0], steigung_nst, bezeichnung_nst)**

Mit dem Befehl *end* wird die Funktion geschlossen. Dies sorgt außerdem dafür, dass eine klare Abgrenzung zwischen den Befehlen innerhalb einer Funktion und den restlichen Befehlen im Skript. Wichtig hierbei ist, dass die Funktion sich immer am Ende des MATLAB-Skripts befinden muss.[23]

---

[21] Vgl. TheMathWorks, Declare function name,inputs and outputs, 2022
[22] Vgl. Bättig, 2020, S.131-132
[23] Vgl. TheMathWorks, Declare function name,inputs and outputs, 2022

4. Schlussbetrachtungen

Als Ergebnis liegt nun MATLAB-Skript vor, welches eine Kurvendiskussion an einer Polynomfunktion 3. Grades durchführt und die Nullstellen, Extrempunkte und den Wendepunkt im Command Window ausgibt. Außerdem wird das Ausgangspolynom sowie die Nullstellen, Extrempunkte und der Wendepunkt als Grafik in einem Koordinatensystem dargestellt. Am Wendepunkt und der rechtesten Nullstelle wurden jeweils eine Tangente gezeichnet.

Zusätzlich wurden beim Programmieren Kommentare in den Quellcode eingebracht. Dies hat den Vorteil, dass im Fall von notwendigen Änderungen am Programm schnell ein Überblick gewonnen werden kann, gerade für jemand, der das Programm nicht selbst entwickelt hat.

Abschließend ist noch anzumerken, dass bei der Programmierung einer Kurvendiskussion Vorsicht geboten ist bzgl. dem was genau gefordert, bzw. erreicht werden soll. Liegt eine unbekannte Polynomfunktion vor, welche nicht wie in diesem Fall nahezu frei gewählt werden kann, so müssen mehrere Dinge beachtet werden. Zur Berechnung der Extrem- und Wendepunkte bzw. Sattelpunkte müssen dann sowohl die notwendigen als auch die hinreichenden Bedingungen eingehalten werden und die dritte Ableitung hinzubezogen werden.

5. Literaturverzeichnis

Bättig, D. (2020). *Angewandte Mathematik 1 mit MATLAB und Julia*. Burgdorf, Schweiz: Springer Vieweg.

Dürrschnabel, K. (2020). *Mathematik für Ingenieure*. Karlsruhe: Springer Vieweg.

TheMathWorks, I. (20. 11 2022). *2D-line plot - MATLAB plot*. Von MathWorks: https://de.mathworks.com/help/matlab/ref/plot.html abgerufen

TheMathWorks, I. (21. 11 2022). *Add text descriptions to data points*. Von https://de.mathworks.com/help/matlab/ref/text.html abgerufen

TheMathWorks, I. (21. 11 2022). *Declare function name,inputs and outputs*. Von https://de.mathworks.com/help/matlab/ref/function.html abgerufen

TheMathWorks, I. (13. 11 2022). *Desktop-Grundlagen - MATLAB*. Von https://de.mathworks.com/help/matlab/learn_matlab/desktop.html abgerufen

TheMathWorks, I. (18. 11 2022). *Display value of variable*. Von https://de.mathworks.com/help/matlab/ref/disp.html?searchHighlight=disp&s_tid=srchtitle_disp_1 abgerufen

TheMathWorks, I. (15. 11 2022). *Imaginary part of complex number*. Von MathWorks: https://de.mathworks.com/help/matlab/ref/imag.html?s_tid=srchtitle_imag_3 abgerufen

TheMathWorks, I. (24. 11 2022). *Matrizen und Arrays*. Von MathWorks: https://de.mathworks.com/help/matlab/learn_matlab/matrices-and-arrays.html abgerufen

TheMathWorks, I. (15. 11 2022). *Maximum elements of an array*. Von MathWorks: https://de.mathworks.com/help/matlab/ref/max.html?searchHighlight=max%28%29&s_tid=srchtitle_max%2528%2529_1 abgerufen

TheMathWorks, I. (24. 11 2022). *Polynomial differentation*. Von TheMathWorks: https://de.mathworks.com/help/matlab/ref/polyder.html?searchHighlight=polyder&s_tid=srchtitle_polyder_1 abgerufen

TheMathWorks, I. (15. 11 2022). *Polynomial roots*. Von MathWorks: https://de.mathworks.com/help/matlab/ref/roots.html?s_tid=srchtitle_roots_1 abgerufen

Werner, M. (2019). *Digitale Signalverarbeitung mit MATLAB*. Fulda: Springer Vieweg.

6. Abbildungsverzeichnis

7. Anhang: Fertiges MATLAB-Skript

```matlab
%%%%%%%%%%%%%%%%%%%%%%%%%%%%%%%%%%%%%%%%%%%%%%%%%%%%%%%%%%%%%%%%%%%%%%%%%%%
% Dieses Skript führt eine Kurvendiskussion für ein Polynomfunktion %
% dritten Grades durch und stellt diverse Ergebnisse grafisch dar. %
%%%%%%%%%%%%%%%%%%%%%%%%%%%%%%%%%%%%%%%%%%%%%%%%%%%%%%%%%%%%%%%%%%%%%%%%%%%

%%% Initialisierung %%%
% Koeffizientenvektor des gewählten Polynoms y = 2*x^3 + 4,5*x^2 + x - 1
polynom = [2, 4.5, 1, -1];

% Geeigneter Bereich auf der x-Achse
x = -2:0.01:1.5;

%%% Berechnung %%%
% Y-Werte des Ausgangspolynoms
polynom_y = polyval(polynom, x);

% Nullstellen
nullstellen = roots(polynom);
nullstellen = nullstellen(imag(nullstellen)==0);    % Imaginäre Anteile entfernen
nullstelle_ganz_rechts = max(nullstellen);  % Höchsten Wert, also die rechteste
Nullstelle suchen

% Erste Ableitung
ableitung1 = polyder(polynom);

% Zweite Ableitung
ableitung2 = polyder(ableitung1);

% Extrempunkte
extrempunkte_x = roots(ableitung1);
extrempunkte_x = extrempunkte_x(imag(extrempunkte_x)==0);
extrempunkte_y = polyval(polynom, extrempunkte_x);
extrempunkte = [extrempunkte_x extrempunkte_y];

% Wendepunkt
wendepunkt_x = roots(ableitung2);
wendepunkt_y = polyval(polynom, wendepunkt_x);
wendepunkt = [wendepunkt_x, wendepunkt_y];

% Steigung der Tangente am Wendepunkt
steigung_wp = polyval(ableitung1, wendepunkt_x);

% Steigung der Tangente an der rechtesten Nullstelle
steigung_nst = polyval(ableitung1, nullstelle_ganz_rechts );

%%% Ausgabe %%%
disp("Nullstellen: ")
disp(nullstellen)

disp("Extrempunkte: ")
disp("      X           Y")     % Um die Übersicht der X- und Y-Werte verbessern
disp(extrempunkte)

disp("Wendepunkt: ")
disp("      X          Y")
disp(wendepunkt)

% Konfiguration des Koordinatensystems
grid on;    % Gitternetz anzeigen
hold on;    % Zeichnen mehrerer Funktionen ermöglichen

% Ausgangspolynom
plot(x, polynom_y, "Color", [0 0 1]);    % Ausgangspolynom in Blau

% Nullstellen
plot(nullstellen, 0, "+", "Color", [1 0 0]);    % Nullstellen in Rot mit "+"-Zeichen

% Lokale Extrema
plot(extrempunkte_x, extrempunkte_y, "o", "Color", [0 0 1]);    % Extrempunkte in
Blau mit "o"-Zeichen

% Wendepunkt
plot(wendepunkt_x, wendepunkt_y,"+", "Color", [0 1 0]);    % Wendepunkte in Grün mit
```

```matlab
     "*"-Zeichen
72   text(wendepunkt_x, wendepunkt_y, "Wendepunkt");      % Zusätzlich Text "Wendepunkt"
     anzeigen
73
74   % Rechteste Nullstelle
75   plot(nullstelle_ganz_rechts , 0,"*", "Color", [0 1 0]);      % Rechteste Nullstelle in
     Grün mit "*"-Zeichen
76   text(nullstelle_ganz_rechts , 0, "max. Nullstelle");     % Zusätzlich Text "max.
     Nullstelle" anzeigen
77
78   % Tangente an Wendepunkt
79   bezeichnung_wp = "--";      % Aussehen der Tangente: gestrichelt
80   tangente(x, wendepunkt, steigung_wp, bezeichnung_wp);    % Tangente am Wendepunkt
     zeichnen
81
82   % Tangente an rechtester Nullstelle
83   bezeichnung_nst = "--";     % Aussehen der Tangente: gestrichelt
84   tangente(x, [nullstelle_ganz_rechts , 0], steigung_nst, bezeichnung_nst);    %
     Tangente an der rechtesten Nullstelle zeichnen
85
86   %%% Tangenten-Funktion %%%
87   function tangente_y = tangente(bereich, kontaktpunkt, steigung, bezeichnung)    %
     Definition der Tangenten-Funktion und Einlesen der benötigten Werte
88       achsenabschnitt = kontaktpunkt(2) - (steigung * kontaktpunkt(1));    %
     Y-Achsenabschnitt der Geradengleichung berechnen
89       tangente_y = steigung * bereich + achsenabschnitt; % Y-Werte der
     Tangenten-Funktion berechnen
90       plot(bereich, tangente_y, bezeichnung); % Jeweilige Tangente zeichnen, inkl.
     Aussehen (gestrichelt, o.ä.)
91   end
```